RIO ZAMBEZE

ESTUDIO DE APROVECHAMIENTO INTEGRAL

ISBN: 9781689425216

RIO ZAMBEZE

ESTUDIO DE APROVECHAMIENTO INTEGRAL

Juan Sanz Sanz

ACLARACIÓN:

En septiembre de 1984, tras años de concienzudos estudios, cálculos y comprobaciones, Juan Sanz Sanz (1943 - 2019), dio a conocer, por correo y a título personal, a las más altas instancias del momento de varios países y centros de decisión mundiales, sus conclusiones escritas sobre el posible aprovechamiento integral del río Zambeze; entonces le pareció la más idónea de las maneras para que la evaluación y la posible puesta en marcha de las ideas que aportaba no se demoraran.

El bagaje que le proporcionaba su sabiduría, debida a la profundidad de la inmersión que durante décadas hizo en la Geografía y en la Historia, unidos a la atenta observación de lo mucho que acontecía por aquellos años en todo el Planeta, le dieron entonces al malogrado autor el impulso necesario.

Desgraciadamente acaba de fallecer el cultísimo hombre, un autodidacta al que muchos no dudarían de calificar de prototipo de persona cercana al Renacimiento dada la gran cantidad de conocimientos que durante toda su existencia procuró agrandar.

Es bueno recordar de nuevo que hablamos de 1984, entonces, igual que en presente Siglo XXI, pesaba mucho en contra suya la palabra, presente siempre en una sociedad en exceso jerarquizada: AUTODIDACTA.

Sin mover ni una coma de su legado, ahora se publica el trabajo por vez primera bajo el título: RIO ZAMBEZE. ESTUDIO DE APROVECHAMIENTO INTEGRAL.

BIOGRAFÍA:

Autodidacta, Juan Sanz Sanz (1943-2019), se dedicó, desde la primera juventud, a desentrañar los problemas que le planteaban las lecturas de los hechos históricos narrados por los distintos autores que frecuentemente divergían entre sí.

La Geografía fue una de sus grandes aficiones y motivo de ferviente estudio, no existiendo en la Planeta lugar, por muy recóndito que se hallase, del que no se hubiera informado exhaustivamente.

El atento seguimiento de la realidad social y política en la que transcurrió su existencia se tradujo en propuestas de aprovechamiento hídrico en tres continentes y cada uno de los proyectos fue enviado en su día a los lugares que calculó más idóneos para su consecución.

Los idiomas -el francés, el inglés, el italiano, el portugués y el alemán, además del suyo propio, el castellano-, no tenían secretos para él y así pudo disfrutar plenamente de la Literatura escrita en ellos, otra afición en la que, como hombre ilustrado, encontraba a sus iguales.

En la primera juventud la guitarra española y posteriormente el piano, fueron instrumentos musicales a los que dedicó un gran esfuerzo parejo a la pasión que la Música despertaba en él y así, en la madurez, con auténtica devoción y delicadeza, interpretaba hermosas piezas de Bach, Chopin, Debussy y Beethoven que contribuyeron mucho a hacer sus días más humanos y el paso del tiempo más leve.

Además de los Proyectos Hídricos deja muchos trabajos literarios prácticamente a punto de editar, algo que se procurará dar a la luz pública.

In memóriam

IDEAS PARA UN PROYECTO DE APROVECHAMIENTO DE LAS LLANURAS PANTANOSAS DEL ALTO ZAMBEZE

y

CULTIVO DE LA LLANURA ALUVIAL DEL BAJO ZAMBEZE

CAPÍTULOS:

UNO

<u>**TENSIONES POLÍTICAS.**</u>

En la actualidad *(*1984)* los Estados del África Austral, sometidos a una fuerte crisis económica, se encuentran en la necesidad de mitigar sus tensiones exteriores, ya que sus tensiones interiores son muy fuertes. Los conflictos internos reclaman absoluta atención. Pero existe el riesgo de que si no se logran resolver los problemas internos y éstos rebasan cierto límite, se busque una salida, una desviación a los problemas internos mediante el desarrollo de los conflictos externos, bien sean espontáneos o artificiales. Aquí está la causa más corriente de las guerras.

Tal es el riesgo que intentamos precaver. Como se sabe, la política debe anticiparse a los conflictos, precaviendo sus efectos y, para ello, es preciso preverlos. La política no puede ir a remolque de los acontecimientos; necesita anticiparse, conocer su evolución.

En las condiciones actuales del subcontinente, la evolución previsible no puede ser más sombría. Las peculiaridades de la sociedad africana, la crisis económica, la superpoblación, la inmadurez de los Estados y, sobre todo, la existencia de una situación política extremadamente anómala en la República Sudafricana *(*1984)*, son factores cuyo resultado tiene que ser forzosamente desastroso. Sólo la intervención de factores nuevos, que rompan el círculo vicioso, puede promover un giro radical y que el resultado, al paso de algún tiempo, sea distinto.

DOS

<u>CONTRASTES CLIMÁTICOS.</u>

En siglos pasados, para los mercaderes europeos, el continente africano era una tierra inhóspita y extraña. Grandes contrastes climáticos, siempre bajo el denominador común del calor agobiante, Largas etapas de humedad excesiva y excesiva sequedad. Meses lloviendo diariamente, seguidos de largas temporadas sin lluvia. En la mayor parte del territorio se suceden regularmente las transformaciones más radicales de la Naturaleza, que pasa de vergel lujurioso a espero páramo.

Los europeos estaban acostumbrados a un clima menos extremo. Su afincamiento en el continente chocó con dificultades notable. Es diferente el caso africano del de otras tierras tropicales -Asia, América-, porque aquí el contraste es menos acusado, está compensado por factores climáticos que no llevan tan lejos esas largas etapas de sequías devastadoras; así, en los otros continentes, este fenómeno sólo ocurre en territorios limitados, siendo en África la regla general.

La adaptación europea hubo de limitarse a ciertas tierras altas, de lluvias regulares y sequías menos pronunciadas. Más que el calor en sí, con su secuela de enfermedades, ha sido el fenómeno de la sequía lo que ha limitado el arraigo de la población europea en África. En aquellos siglos -XV a XVIII- el continente estaba semivacío y había tierra para todos, cosa que luego no sería así.

TRES

<u>INESTABILIDAD.</u>

El hecho de que la mayor parte del continente sufra un largo período anual muy seco ha provocado que las poblaciones nativas, estando adaptadas al medio climático, se ven expuestas frecuentemente al límite de la supervivencia. Ante el peligro de consunción, han de abandonar unos territorios que nos les permiten subsistir. Ocurren constantes migraciones. Sólo en pocos territorios hallamos, en el pasado, poblaciones establecidas perennemente. El espacio ocupado por cada pueblo era mucho mayor del que habitaba efectivamente y dentro de él se movía en función de la humedad, es decir, de la fertilidad para obtener cosechas y criar rebaños. Se trata de una forma diferente del nomadismo y de la trashumancia. Es un nomadismo es un espacio limitado, pero extenso, que cada pueblo ha de reservarse por necesidad. Así se produce un trasiego constante de pueblos, parecido al que ocurriera en las fronteras exteriores del Imperio romano en Europa central y oriental. De tal manera que faltan los asentamientos fijos, las ciudades, y con ello el desarrollo de la civilización de forma continuada. Mientras los pueblos africanos no han arraigado de forma estable, no ha podido iniciarse un ciclo de civilización.

CUATRO

<u>ARRAIGO.</u>

Este problema sigue latente en la actualidad, a pesar del establecimiento de fronteras fijas. Durante la época colonial, que terminó hace apenas dos décadas *(*1984)*, aquella situación siguió invariable. Es la primera misión de los Estados actuales arraigar las poblaciones en sus terruños y terminar con una inestabilidad milenaria. Para ello, es preciso vencer las dificultades que la Naturaleza impone y han sido la causa de ese desarraigo milenario, extrayendo de las tierras todos los recursos que puedan dar. Las técnicas de las civilizaciones egipcia, grecolatina y arábiga han estado actuando sobre el continente, sin que el problema haya sido resuelto más que de forma parcial.

Sólo la moderna ingeniería hidráulica occidental puede lograr resultados definitivos en el continente. Es en este sentido en el que hacemos la propuesta, referida a un espacio limitado, pero capaz de absorber y sostener grandes masas de población. Podría ser éste un primer paso, que produciría un gran efecto en el conjunto de los países del Zambeze. Es preciso, pues, que la moderna ingeniería hidráulica sea aplicada de forma exhaustiva, pues sólo ella puede corregir los desastrosos contrastes de humedad-sequedad, que son la causa de las miserias que padece el continente africano.

CINCO

LOS PANTANOS DEL OKAWANGO.

Estas llanuras pantanosas se encuentran a una altura ligeramente superior al curso del Zambeze, en territorio de Botswana. Desaguan de forma espontánea hacia otra región pantanosa, situada al sureste, los salares de Makarikari; sin embargo, de forma intermitente vierten también hacia el propio Zambeze. El Okawango o Cubango es un río angoleño que debería desembocar en el Zambeze, pero encuentra una vasta llanura plana por la que desparrama sus aguas, formando un pantano permanente, de poca profundidad, que ni es un lago ni logra abrirse un cauce hasta el gran río, ya que su caudal es insuficiente para ello, debido a la gran extensión de esta planicie. Por otra parte, esta llanura, en lugar de inclinarse hasta el río Zambeze, tiene un punto todavía más bajo al sureste, por el que escapan las aguas de que deberían formar un curso fluvial hasta el Zambeze, en dirección noreste. Con las crecidas normales las aguas vierten hacia Makarikari y con las excepcionales logran alcanzar el río principal. Los pantanos no son ni lago, ni espacio agrícola. Actualmente sirven para muy poco; sólo algunos pueblos pescadores viven en él. Modificar la situación es lo que proponemos en el presente estudio. Para convertirlo en espacio agrícola basta con terminar con esta situación ambigua, ya que ni es lago, ni deja de serlo. Se trata de que deje de serlo por completo. Para ello hay que darle al agua de la inundación una salida suficiente, abriéndole un cauce que desagüe hacia el Zambeze, facilitando también la salida hacia él del río Kuando. Así esta región palustre dejaría de ser una ciénaga estéril para convertirse en un gran espacio agrícola de suelos presumiblemente fértiles.

SEIS

<u>UN GRAN OASIS.</u>

Durante un largo período geológico las aguas del Cubango han estado evaporándose en esta región y depositando allí sus légamos. Así se ha formado un gran espacio aluvial de, al menos, 30.000 kilómetros cuadrados, casi tan grande como el egipcio. Si mediante unas obras hidráulicas se lograse que la región no se inundara, tendríamos con ello una primera consecuencia. Las lluvias no son suficiente aquí para una buena cosecha. Nos hallamos en los límites del Kalahari, es decir, en un territorio saheliano, no sólo la falta de fuertes lluvias, sino sometido a marcados contrastes de sequedad. Esta es la característica del clima saheliano: la gran irregularidad de las lluvias. El riego se impone, pues es preciso compensar las intemperancias de la sequía. De esta manera, además de facilitar la salida de la inundación general, haría falta encauzar parte de estas aguas de crecida durante la estación lluviosa hacia las llanuras aluviales, irrigándolas. Así se obtendría una buena cosecha durante la estación de las lluvias.

SIETE

<u>EL PAÍS DE LOS BAROTSE.</u>

Mediante el drenaje de la llanura y el aporte de una parte del caudal de los ríos que la inundan actualmente podría obtenerse una cosecha anual. Pero sería posible conseguir una segunda cosecha, durante la estación seca, a partir de los pantanos del Alto Zambeze, si las aguas del gran río fueran retenidas y derivadas hacia los pantanos de Okawango.

Mediante un canal, una parte de las aguas de la cabecera del

Zambeze podrían ser llevas hasta aquí desde los raudales de Ngonya o desde más arriba. Así podríamos lograr el cultivo continuado de esta región.

OCHO

EL ZAMBEZE.

El Zambeze es un caso especial en la geografía. Discurre primero a través de una meseta plana en la que pierden él y sus afluentes la mayor parte de su caudal. Se trata de una región bastante lluviosa, con 1.500 mm, en la parte septentrional y 1.000 mm, en la central. El caudal aforado en la cascada Victoria es de 1.100 metros cúbicos por segundo. Pero las lluvias que caen en la región permitirían esperar un aporte medio de 3.000 a 4.000 metros cúbicos por segundo. De la misma forma que el Nilo en el Sudán, el Zambeze en su parte alta pierde las ¾ partes de su agua. Una labor complementaria, pues, se podría realizar en este sentido, recuperando agua que sería un beneficio, si no se evaporase.

En primer lugar, agua para la agricultura de los llanos del Okawango; en segundo lugar, agua para producir energía en las estaciones eléctricas situadas más abajo.

Los ríos como el Zambeze, el Amarillo, el Nilo, al atravesar su curso regiones áridas o con una larga estación seca, pierden gran parte de sus aguas. Así, el Amarillo lleva 3.000 metros cúbicos en Lanchou, a la salida del Tíbet, y 1.500 cuando entra en la Gran Llanura. Sobre esta particularidad del Nilo hemos hecho un estudio monográfico y una propuesta a partir de la recuperación de sus aguas.

NUEVE

LAGUNAS SALOBRES: MAKARIKARI Y ETOSHA.

Los pantanos salinos de Makarikari, a donde van a perderse los sobrantes de las aguas que inundan la región de Okawango por medio del río Botletle, tienen unos 10.000 kilómetros cuadrados. En territorio de Namibia, unos 500 kilómetros al Oeste se encuentran los pantanos salobres de Ethosa, alimentados por pequeños ríos de la región y que tienen unos 5.000 kilómetros cuadrados. En total,

15.000 kilómetros cuadrados, millón y medio de hectáreas de tierras aluviales, aunque salinas. Para recuperar estas tierras, habría que crear un sistema de salida de sus aguas y que las sucesivas inundaciones anuales fueran lavando la sal, hasta dejar libre el territorio para el cultivo.

La laguna de Etosha recoge las aguas de la Estepa de los Ovanbo y de ríos procedentes de Angola y está separada del mar por un ligero reborde, de escasa altitud. Los ríos de la costa desértica no han tenido potencia hasta ahora para captar el sistema fluvial situado más arriba. La labor del hombre debería ser acelerar un proceso que geológicamente acabará produciéndose, dando salida fluvial a esta región. Con ello, las lagunas no serían un callejón sin salida en el que las sales se depositan y esterilizan el suelo agrícola. Lo mismo podríamos aplicar a los pantanos de Makarikari, aproximadamente con doble extensión, que recogen los sobrantes de los pantanos de Okawango. El punto que ocupan los pantanos es el más bajo de la meseta y darle salida resulta difícil. Si se lograra verter sus aguas, bien hacia el Zambeze o hacia el Orange, se podría repetir la labor que proponemos para los pantanos de Etosha.

Si se lograra poner en cultivo el territorio que hoy ocupa la laguna de Etosha, Namibia tendría una base agrícola sobre la que sostenerse como Estado, pues son 500.000 hectáreas y el país tiene un millón de habitantes *(*1984)*, en gran parte ocupados en explotaciones mineras. Se resolvería uno de los problemas de fondo que causan la actual inestabilidad: la falta de recursos alimentarios.

En cuanto a los pantanos salobres de Makarikari, si se lograra lavarlos mediante un dispositivo de avenamiento -que bien podría ser la conducción de sus aguas hacia el sur-. Se ganaría un millón de hectáreas de tierras aluviales, que completarían y ampliarían el sistema de los pantanos de Okawango.

DIEZ

<u>BOTSWANA.</u>

Una de las cusas por las que el aprovechamiento de este territorio no ha sido llevado a cabo hasta el presente ha sido que se encuentra en los límites exteriores de Botswana; pero, a su vez, siendo el punto de convergencia de las fronteras entre Angola, Namibia, Zambia, Zimbabwe y la propia Botswana, está en el lugar más alejado de los centros vitales de cada uno de aquellos Estados. Botswana tiene 600.000 kilómetros cuadrados y su población, de un millón de habitantes *(*1984)*, se concentra en la parte opuesta del territorio, junto a la frontera del Transvaal.

ONCE

<u>CAPACIDAD ALIMENTARIA.</u>

La clave del anteproyecto está en la capacidad alimentaria de aquellas tierras aluviales. Su extensión es, en conjunto, de casi 50.000 kilómetros cuadrados, 5 millones de hectáreas, más que el oasis egipcio. Una hectárea de tierra cultivada intensivamente puede alimentar a una familia, pero se necesita un predio mayor para proporcionarle un nivel de vida aceptable. En cualquier caso, es posible instalar en esta región, como mínimo, a un millón de agricultores y, como máximo, a tres millones. Es decir, entre 5 y 10 millones de personas podrían vivir directamente del cultivo de la tierra.

Tras la agricultura o sector primario vendrían las restantes actividades económicas -industria, servicios-, que podrían duplicar ampliamente esta población inicial. Se puede tomar como límite máximo de la capacidad de absorción de este territorio de cifra de 30 millones de personas, gracias al cultivo intensivo y continuado de las tierras. En el oasis egipcio, de menor extensión, viven 45 millones actualmente (*1984).

DOCE

<u>NÚCLEO INMIGRATORIO.</u>

La población total del conjunto de los países del subcontinente es de 75 millones de personas *(*1984)*. Si en el territorio que proponemos colonizar pudieran albergarse 30 millones, esto significaría que 2/5 de la población de cada uno de ellos podría alojarse aquí. Por ejemplo, 2,5 de los 7 millones de zambianos; 3 de los 8 millones de angoleños; casi 4 de los 9 millones de zimbabwanos.

Por último, de los 32 millones de habitantes de la República Sudafricana, al menos 12 millones; pero, como la población bantú es de 22 millones, el resultado sería que en Sudáfrica la población bantú sería de unos 10 millones de personas. Ello sin tener en cuenta que, si fuera posible trasvasar agua del Zambeze hasta el Orange y El Cabo, a lo largo de esa línea podrían crearse extensos oasis irrigados, como veremos a continuación.

TRECE

<u>AGUA PARA EL CABO.</u>

Un aspecto interesante del dispositivo es la posibilidad de llevar a gua del Zambeze hacia las regiones meridionales del subcontinente, incluso hasta la propia Ciudad del Cabo, a través de la franja oriental del Kalahari. La República de Sudáfrica, tan bien dotada en otros aspectos económicos, adolece de una acusada falta de agua. La población se concentra en mesetas, donde llueve medianamente, y en la costa del Índico. Pero al menos la mitad del territorio se puede calificar de árida. Es precisamente esta región árida, a la altura de las mesetas por donde discurren el Zambeze y sus afluentes, la que podría beneficiarse con un canal o acueducto que llevara hasta allí los sobrantes de agua de aquellos ríos, en lugar de dejar que se pierdan miserablemente en los pantanos salinos de Makarikari. Así, a lo largo de una ruta de casi 1.000 kilómetros podrían brotar en el desierto óptimos vergeles. Una vez traspasado el umbral que separa las secas vertientes de Makarikari y del Molopo, afluente del Orange y que en ninguna parte supera los 1.000 metros de altitud, la conducción del agua es más fácil. La cuestión es: ¿tiene el Alto Zambeze agua suficiente para todo eso? El río y sus afluentes drenan las lluvias de un frente montañoso septentrional de 1.200 kilómetros de longitud, muy húmedo. Su escorrentía real es de 3.000 a 4.000 metros cúbicos por segundo. Se trata de llevar a cabo las obras de avenamiento para que la totalidad de esa agua salga, en lugar de evaporarse. Entones sí sería posible este proyecto adicional, que crearía una fuerte interdependencia entre la República de Sudáfrica y el resto del África Austral.

CATORCE

EL CASO UGANDÉS Y EL EJEMPLO EGIPCIO.

En las riberas septentrionales del lago Victoria se encontraba el reino de Buganda, que despertó gran admiración entre los viajeros europeos cuando lo descubrieron a mediados del siglo pasado *(*XIX)*, la abundancia y regularidad de las lluvias proporcionaba pingües cosechas. Los ingleses creyeron ver aquí un modelo a aplicar en el resto de los territorios africanos. A principios de este siglo *(*XX)*, sin embargo, los protectores británicos tuvieron la debilidad de establecer un sistema de propiedad latifundista, mientras la masa de la población era sometida a un estado de servidumbre. Esa situación parece ser que ha ido cambiando paulatinamente y ahora predomina la pequeña propiedad. Sin embargo, bien sea a causa de la guerra civil, de la sequía, o bien por el propio fracaso del sistema de explotación agraria, el resultado ha sido que hoy allí reinan la miseria y el caos. El dispositivo de Okawango y sus anexos es parecido, en cierto modo, y su resultado podría ser igual. ¿Cómo evitarlo?

En primer lugar, el sistema no es idéntico. Aquí se trata de un sistema de cultivo intensivo, con una cosecha durante la estación lluviosa, mediante el riego con la crecida de los ríos y las propias lluvias, y una segunda cosecha con la retención en la cabecera de los ríos de agua de la estación lluviosa para su empleo en la seca. Podrían obtenerse cosechas de forma ininterrumpida. El resultado sería mucho más satisfactorio; las cosechas, más seguras y abundantes que en Uganda; los rendimientos, mucho mayores por hectárea. El caso de Uganda debe hacernos reflexionar, porque no se puede dejar la agricultura africana alegremente expuesta a las intemperancias de las lluvias, a sus ciclos de abundancia y escasez. Es preciso corregir esto con la labor artificial del hombre.

QUINCE

<u>**CORREGIR A LA NATURALEZA**</u>

Los fenómenos naturales se producen según un complicado mecanismo, resultado de la combinación de factores muy heterogéneos. Así se produce un mosaico de situaciones físicas ente las que el hombre se encuentra y contra las que ha de luchar para sobrevivir. Las regiones en que la combinación da un resultado óptimo para el hombre son escasas, casi inexistentes. Allí estuvo el Paraíso Terrenal. Lo más frecuente es que estas situaciones geográficas contengan factores favorables y desfavorables, ventajas e inconvenientes. Mientras el hombre, a lo largo de la historia primigenia, no se dotó a sí mismo de medios con que contrarrestar los factores negativos, estuvo abandonado a su suerte. Mas la cultura consiste en eso precisamente, en crear medios artificiales con que corregir la caprichosidad de la Naturaleza.

Los contrastes entre unas regiones y otras en cuanto a humedad, fertilidad, accesibilidad, deben ser corregidos, complementados. Porque en la Naturaleza casi todo sobreviene en forma excesiva, sobreabundante. Así, en unas regiones hay excesiva humedad y en otras, aridez en exceso: o una región aparentemente húmeda sufre, en realidad, una penosa oscilación de estaciones lluviosas y secas. Este es el caso del territorio que nos ocupa. Es preciso lograr un equilibrio, una continuidad. Es decir, que los factores favorables, como la humedad, que allí sobreviene en una parte del año, sean distribuidos a lo largo de todo él, para que desaparezca un factor tan destructivo como la aridez.

Por otro lado, en África las tierras fértiles escasean extremadamente a causa de la laterización, que convierte el suelo agrícola, hasta considerable profundidad, en un empedrado. Sólo en ciertos territorios hallamos tierras que se pueden cultivar con facilidad, pero la mayor parte se encuentran fuera del espacio intertropical. Entre estas tierras son las aluviales las mas interesantes. En África Austral, aparte de las llanuras costeras que han formado los ríos con sus aluviones y que suelen estar cubiertas de selvas, la única región aluvial extensa es la de los pantanos de Okawango. Este territorio, presumiblemente fértil, alimentado por afluentes del Zambeze, es el que nos interesaría colonizar. Apenas es la doscientasava parte de la extensión total del subcontinente, pero debido al aprovechamiento intensivo de que podría ser objeto, podría ser de utilidad excepcional. Hay que aprovechar al máximo las pocas tierras que en África Austral tienen condiciones naturales para ello. Además, de su aprovechamiento intensivo pueden derivarse consecuencias insospechadas.

El propósito de corregir la Naturaleza, facilitando artificialmente los factores que ésta no crea y contrarrestando los negativos, puede aplicarse aquí de forma óptima. La inundación perenne puede ser evitada y las tierras que cubre e inutiliza, puestas en cultivo.

DIECISÉIS

<u>DEMOGRAFÍA Y MODERNIDAD.</u>

Sobre los países del Mundo actúan dos factores contrapuestos: por un lado, el proceso de modernización y, por otro, el crecimiento demográfico. Ambos factores tienen extremada potencia y luchan denodadamente. En los países industrializados, de elevado nivel de vida, el proceso de modernización va más de prisa que el crecimiento demográfico, aunque en los últimos años esta ventaja ha decrecido bastante, hasta casi desaparecer. Pero en los países del Tercer Mundo es el otro factor quien lleva considerable ventaja, que se agranda conforme pasa el tiempo.

Por eso, en estos países, cualquier factor que contribuya a desacelerar el progreso del crecimiento demográfico, mediante una acción enérgica en favor de la modernización, es de suma importancia. Estos dos factores son interdependientes; si uno avanza el otro retrocede. Así cualquier progreso de modernización rápida se proyecta sobre l factor demográfico, debilitando su influjo.

Al crearse en el corazón de África Austral un núcleo cultivado intensivamente, que significa un fuerte avance del factor de modernización, se produce un retroceso, un debilitamiento de la tara que es para la sociedad el crecimiento demográfico excesivo. Si el empuje de este factor modernizador, con grandes obras hidráulicas, instalación de masas de población en un nivel de vida mucho más avanzado que el actual, es muy fuerte, la presión demográfica podría reducirse hasta hacerse soportable. Se llegaría a un punto de inflexión en la curva demográfica, pues a más alto nivel de vida, menor crecimiento demográfico. La colonización de este pequeño territorio, apenas 1/200 de la extensión total del subcontinente, podría ser el punto crucial en que el resultado de la pugna de estos dos factores opuestos cambiara de signo. Hasta ahora la modernización en estos países va claramente rezagada y a duras penas logra hacer frente al progreso mínimo. La distancia entre las necesidades que el crecimiento demográfico plantea y las que el progreso modernizador es capaz de satisfacer se hace cada vez mayor. El crecimiento demográfico y, con él, las necesidades de supervivencia son mayores que la capacidad de satisfacerlas que procura el proceso de modernización que se lleva a cabo en todo el Mundo. Pero el factor demográfico sigue empujando implacablemente, creando necesidades que el progreso no logra aplacar.

DIECISIETE

<u>DEMOCRACIA Y RACISMO.</u>

No podremos decir que los británicos no son demócratas, ni que ente ellos la negrofilia, la defensa de los negros no ha tenido a sus principales impulsores. Recordemos, si no, la lucha de la marina británica contra los tratantes de esclavos a principios del siglo XIX y el que ellos fueron los primeros en abolir la esclavitud en sus colonias. Tal actitud estaba inducida por causas interesadas -la substitución de la mano de obra por máquinas-, pero también por graves imperativos morales y religiosos. Sin embargo, entre el deseo y la necesidad hay un gran abismo frecuentemente.

El fenómeno del racismo se ha presentado con gran fuerza en el continente africano. Durante la época colonial los pueblos africanos estaban equipados con armas de hierro, e incluso de fuego, para defenderse de los invasores europeos. Por otra parte, los Estados indígenas eran pequeños y débiles por lo general. El resultado fue que, si bien aquellos Estados se disolvieron fácilmente dentro de la administración colonial, los pueblos indígenas permanecieron formando una masa densa, resistente, refractaria a los invasores. Además, el número de blancos instalados en el continente fue siempre pequeño; las relaciones entre las dos razas nunca resultaron fáciles. En el mejor caso se llegó a una colaboración para desarrollar actividades económicas. Pero el mestizaje, la mezcla de razas, sólo fue un fenómeno secundario.

En parte para justificar la situación colonial, aparecieron en Europa teorías pseudo-científicas que intentaban demostrar la superioridad de la raza nordeuropea sobre las demás. Eran los tiempos en los que la cultura en Europa y América del Norte tenía una superioridad indiscutible. El hecho histórico de que la civilización occidental, en su período de auge, se localizara en estos territorios septentrionales, llevaba a identificar este factor histórico y, por tanto, transitorio, con una superioridad racial, congénita: es decir, eterna, definitiva. Según aquellas teorías, los pueblos nordeuropeos habían sido y serían siempre más creativos y emprendedores; las creaciones culturales de semitas, hindúes, chinos, amerindios, mediterráneos, sólo fueron un paso intermedio. Esta teoría pretendía atribuir a los pueblos blancos, en sus relaciones con los demás, un derecho superior, un liderazgo indiscutible. Los colonos blancos en África estaban imbuidos profundamente por estas creencias., alimentadas también por interpretaciones caprichosas de los textos religiosos. Sus relaciones con los nativos, por estas causas, nunca fueron fáciles, en pie de igualdad. Habían también fuertes razones económicas para que no lo fueran, pero esa mentalidad creaba un verdadero abismo.

Sin embargo, el racismo tiene que ver muy poco con todo esto. Aquí nos hallamos ante una situación social y económica, ante una estructura política. Hay una minoría blanca "rodeada" por una mayoría negra y hay una pugna entre las dos étnicas porque la minoría teme verse absorbida por la mayoría y desposeída de sus privilegios. Aquí el problema toma un aspecto racial y en los países europeos fue exclusivamente social, de lucha de clases. En Sudáfrica aparece un régimen oligárquico típico, con una minoría poseedora de las tierras y de las armas y una mayoría marginada y reducida a la condición servil. No se llega al extremo de la antigua Esparta, en la que los espartanos propiamente dichos apenas eran la treintava parte de los lacedemonios. La minoría blanca tiene miedo (*1984), sencillamente, de que, en un régimen democrático, igualitario, perdería el poder político y, con él, el poder económico. Esta es su desconfianza, que mantiene a minoría y mayoría en una situación insoportable. Los blancos temen el establecimiento de un régimen democrático para el conjunto de la población, en tanto practican esta democracia ente ellos mismos. Mas la mayoría negra necesita imperativamente que el sistema democrático sea allí establecido.

DIECIOCHO

DOS POLÍTICAS.

Hay una política de relación entre los Estados por la cual la fortaleza de unos se basa en la debilidad de los demás. Un Estado va contra el fortalecimiento de los que le afectan directamente y trata de debilitarlos. Pero hay otra política, más inteligente, que procura eliminar los motivos por los cuales pudiera originarse un enfrentamiento. No hay interés en agredirse, porque cada cual está satisfecho de por sí.

De esta forma, a la República Sudafricana no le conviene tener vecinos llenos de problemas, desbordados de dificultades, que puedan desembocar en el estallido de conflictos armados internos y, como consecuencia inevitable, en el establecimiento de regímenes militares. Esto podría tener imprevisibles consecuencias para el subcontinente. A la República Sudafricana no le interesa que se cree en esta parte del Mundo un clima de beligerancia que, si bien en un principio parecería garantizar su seguridad, no tardaría en alcanzarle. En este sentido, el sino del gobierno de Pretoria *(*1984)* está ligado al de los restantes Estados australes.

Si los graves problemas de superpoblación, falta de recursos alimentarios, impotencia para modernizar rápidamente los países y ganar la carrera a la penuria no son resueltos con decisión, es imposible esperar otro resultado. Si los conflictos se generalizan en la región del Zambeze -y ya hay algunos de ellos-, no tardarán en manifestarse al sur del Limpopo.

DIECINUEVE

<u>TURBULENCIAS.</u>

No debemos olvidar que uno de los rasgos de la sociedad africana, característico de su idiosincrasia, son los estallidos de movimientos turbulentos, incontrolables, que sobrevienen inesperadamente como una tempestad, que luego pasa, pero mientras permanece no hay fuerza capaz de contrarrestarlos. Esto ya fue señalado por Hegel a principios del siglo pasado *(*XIX)* en su Filosofía de la Historia. La posibilidad de que estallen movimientos de esta naturaleza, en el caso de que los problemas no sean resueltos satisfactoriamente, no es nada remota. Tal vez esa turbulencia sea el contraste, el complemento, del temperamento paciente y fuerte de los pueblos africanos. Pero es un factor que está ahí y no podemos darle de lado.

VEINTE

<u>**SOCIEDADES YUXTAPUESTAS**</u>

En el territorio de la República Sudafricana conviven, coexisten, sociedades diferentes. Son, en realidad Estados diferentes. Hay un Estado de origen europeo y un Estado para cada uno de los otros grupos: el de la mayoría bantú y los de las minorías mestiza e hindostánica. Aparentemente, todos ellos se rigen por las mismas leyes, las de la República. Pero cada grupo tiene una situación social, política, económica e individual diferente, de forma que, en la práctica, las leyes por las que se rige cada grupo son distintas. Cada grupo étnico tiene una forma de Estado específica. Sobre el mismo territorio hallamos establecido este extraño fenómeno, el cual, por otro lado, no es nuevo en el continente africano. Los viajeros que recorrían Nigeria a fines del siglo pasado *(*XIX)* -nos recuerda Ortega y Gasset- observaban con sorpresa que en la misma aldea cohabitaban grupos étnicos diferentes, sociedades yuxtapuestas, cada una de las cuales se regía por un sistema propio de normas. Esta es la situación en el extremo austral del continente.

VEINTIUNO

<u>MAYORÍA Y MINORÍA.</u>

La organización social basada en un equilibrio entre mayorías y minorías ha sido frecuente a lo largo de la Historia. Claro está, el sistema democrático consiste en que toda la sociedad forma un solo grupo social, en que no haya mayorías ni minorías. En África del Sur hallamos una reminiscencia de un pasado que, sin embargo, no está tan lejos. Pero aquí nos encontramos con una situación anormal, de la que podemos encontrar pocos precedentes. Por regla general, entre mayoría y minoría o entre minoría dominante y minorías o mayorías subordinadas se ha logrado un equilibrio, una concordia. Esta concordia nacía de la especialización económica de cada grupo social; así, la minoría dominante desarrollaba de forma exclusiva actividades administrativas, políticas y militares, es decir, ejercía el poder, en tanto que la mayoría subordinada tenía el monopolio de actividades económicas -agricultura, manufactura, minería, comercio- varias. Desde este acuerdo, era posible una convivencia estable.

Sin embargo, en la República Sudafricana las mismas actividades económicas son realizadas simultáneamente por la minoría dominante y por la mayoría sometida. Los blancos son agricultores, mineros, obreros industriales, exactamente igual que los bantúes, sólo que rigiéndose por leyes laborales y económicas diferentes. Por eso indicábamos en el punto anterior que existen allí varios Estados yuxtapuestos. De esta forma no puede haber nunca un equilibrio -eso sin tener en cuenta que en un sistema democrático, el único que puede considerarse deseable en la época actual, esto sería inadmisible-. Pero, aún así, no hay la menor posibilidad de que entre los diferentes grupos sociales se alcance una concordia espontánea.

Se produce, pues, una situación de perenne anormalidad. La minoría dominante ejerce el poder, pero también acapara las actividades económicas lucrativas. Necesita de la mano de obra africana para desarrollarlas y no es capaz de hacerlo por sí misma. Si los blancos realizaran estas actividades económicas en exclusiva, dejando también en exclusiva a los demás aquellas que no pueden realizar, se alcanzaría una situación relativamente estable…, si estuviéramos en otros siglos.

El origen de la colonia ya estuvo marcado por este sino. Los Boers, palabra que significa "campesinos", eran ganaderos y necesitaban pastos para sus crecientes rebaños; pero hallamos enfrente a los bantúes, también ganaderos que necesitaban de los mismos pastos. Más tarde, al descubrirse las minas de oro, el pesado trabajo en condiciones penosísimas fue hecho por aquellos que eran capaces: los vigorosos pueblos bantúes.

VEINTIDÓS

<u>ESCLAVOS, SIERVOS, CIUDADANOS.</u>

No hace tanto tiempo que la esclavitud estaba generalmente admitida en casi todas partes. Hasta la substitución de la mano de obra humana para realizar trabajos pesados por las máquinas, de nada sirvieron las admoniciones morales. Nuestros bisabuelos todavía vivieron en un mundo en el que la esclavitud era un hecho corriente. De forma que moralizar sobre este asunto no sería más que dar pruebas de fariseísmo.

El esclavo no tiene derechos individuales ni sociales; sus derechos son meras concesiones, algo que no les pertenece. La esclavitud ha adoptado multitud de formas y matices, pero básicamente consiste en la privación de los derechos individuales y sociales. Durante la época contemporánea los pueblos africanos, víctimas del comercio de esclavos han de tener colectivamente tan mala conciencia como los blancos que lo realizaban, puesto que estos esclavos eran capturados y vendidos por los pueblos africanos entre los de su raza. Dese las costas de los dos océanos actuaba este fenómeno hacia el interior del continente. Así se desarrolló un tremendo movimiento migratorio, forzado, que mantuvo al continente en constante efervescencia.

Una forma intermedia entre la esclavitud y la libertad individual es la servidumbre. El siervo tiene algunos derechos individuales, pero carece de derechos políticos. Puede disponer de sí mismo en su vida individual y dispone de uno medios económicos cedidos, pero no puede ir y venir a su antojo, ni hacer oír sus opiniones, ni intervenir en los asuntos públicos, pues no tiene derechos políticos ¿no es ésta la situación de la mayoría bantú en la República Sudafricana? *(*1984)*.

Carentes de derechos políticos, disponen de una capacidad limitada de movimiento, de opinión, y no pueden intervenir en los asuntos públicos de manera que acción pueda ser eficaz. ¿No son éstos los rasgos de la servidumbre? Parece, a primera vista, que esto es lo que esconde el "apartheid", una situación de servidumbre camuflada.

Dentro de la yuxtaposición de Estados que ocurre en aquél territorio, hay un Estado en el que los ciudadanos gozan de plenos derechos individuales, y hay tres grupos raciales diferentes con derechos políticos limitados, en una situación que no se puede calificar de otra forma que de servidumbre, De ahí la gravedad del problema, porque en esta época, a fines del siglo XX *(* Escrito por el autor en 1984)*, por un cúmulo de circunstancias, tropezamos en esta parte del Mundo con algo que parecía pertenecer al pasado. No obstante, la presión que la conciencia democrática ejerce sobre las conciencias de esa sociedad dominante, en la que los miembros sí son ciudadanos de pleno derecho, hace que se busquen denodadamente fórmulas para cambiar la situación y prueba de ello son las reciente elecciones en las que, en apariencia, se ha dado un cauce democrático a dos minorías, pero sin guardar el más elemental derecho político: la igualdad en la representación electoral. Una vez más, derechos limitados, libertades limitadas.

VEINTITRÉS

<u>**PRESIÓN DEMOGRÁFICA.**</u>

En los últimos treinta años la población del subcontinente se ha duplicado con creces dando uno de los índices de crecimiento más rápidos del Planeta. Hasta ahora, gran parte del crecimiento demográfico ha sido absorbido por la creación de nuevas actividades industriales y comerciales. Durante mucho tiempo ha sido posible aliviar el peso demográfico de esta manera. Pero ahora nos encontramos en plena crisis industrial; la producción se ha estancado desde hace algunos años y son los países en desarrollo los que están llevándose la peor parte en la distribución de los sacrificios. Los países en vías de desarrollo han de esperar a que los industrializados logren dar un nuevo empujón hacia adelante, eventualidad todavía problemática.

Los países en vías de desarrollo, que se beneficiaban de un crecimiento económico global, han de esperar ahora pacientemente a que los países industrializados resuelvan sus problemas y creen las condiciones en el Tercer Mundo para que pueda seguir el proceso de industrialización también allí.

Entretanto, la población ha crecido de forma muy notable, y sigue haciéndolo a pesar de la crisis económica. En estos países era antes prioritario lograr establecer las bases de una industrialización, única fórmula para salir del subdesarrollo, pero en la actualidad se encuentran, de sopetón, con un problema más grave todavía: la falta de recursos alimentarios para una población que se ha duplicado, casi triplicado. Este problema en estos momentos es el esencial.

VEINTICUATRO

<u>CONCLUSIÓN.</u>

Los pantanos de Okawango son fácilmente avenables, puesto que se encuentra a mayor altitud que el río Zambeze, hacia el que vierten en los años muy lluviosos. Su suelo aluvial debe ser fértil. Se podría colonizar con relativa facilidad.

El río Zambeze y sus afluentes deberían llevar mucha más agua que la aforada en las cascadas Victoria (1.100 m3/s.) y esta se pierde a causa

de la evaporación en las llanuras pantanosas de su curso superior. Bastaría con eliminar los obstáculos, en forma de raudales, que interrumpen su cauce.

Los pantanos salobres de Makarikari y Etosha podrían ser aprovechados también, dando salida a las aguas, que acabarían arrastrando las sales.

Entre los territorios aluviales de Okawango, Makarikari, Etosha, País de los Barotse y oasis a lo largo de la conducción hacia El Cabo, el territorio colonizable debe tener unos 50.000 kilómetros cuadrados, 5 millones de hectáreas.

Canalizando las aguas de la inundación, puede obtenerse una cosecha en la estación lluviosa. Reteniendo agua en la cabecera de los ríos, dos o más cosechas.

Un territorio de 5 millones de hectáreas, intensamente cultivado, puede albergar a una masa considerable de población y producir grandes cosechas.

Excedentes de agua, una vez evitada la evaporación podrían ser dirigidos hacia el sur y podrían también mejorar el rendimiento de las estaciones hidroeléctricas.

Instaladas en esta región. Ahora casi deshabitada, grandes masas de habitantes procedentes de los países del entorno, éstas tendrían una base agrícola sobre la que sostenerse.

Descargados de una parte de su población, las tensiones internas se reducirían y los Estados tendrían una estabilidad mayor que en la actualidad.

El agua llevada hacia el sur crearía una interdependencia entre la República Sudafricana y sus vecinos hostiles. Así podrían surgir las condiciones naturales de concordia entre los Estados del subcontinente.

Por último, tal vez dentro de la República Sudafricana, aliviándose la presión de la mayoría sobre la minoría, fuera posible una mejora de relaciones políticas y que, al fin, no sintiéndose en peligro, el régimen de Pretoria accediera a establecer un sistema democrático auténtico.

¿El cuento de la lechera? Nada de eso. Ahí están las tierras cultivables, la producción masiva de alimentos, el alivio de las tensiones. Todo lo demás depende de la iniciativa, de la voluntad política.

Juan Sanz Sanz

12 de septiembre de 1984

Otros estudios hídricos publicados hasta el momento en Amazon:

ALTO NÍGER Y DELTA DEL NÍGER

ALTO PARAGUAI Y PANTANAL DEL ARAGUAIA

Teoría política del autor publicada en Amazon:

PASADO Y PRESENTE DEL ARMAMENTISMO

PAST AND PRESENT OF ARMAMENTISM